AF561988

L'AMANT TIMIDE,

COMÉDIE

EN UN ACTE ET EN VERS.

SE TROUVE A PARIS,

CHEZ
- DIDOT L'AÎNÉ, RUE DU PONT-DE-LODI;
- MICHAUD FRÈRES, RUE DES BONS-ENFANTS, N°. 34;
- BRUNOT-L'ABBE, QUAI DES AUGUSTINS, N°. 33;
- Mme. MASSON, RUE DE L'ÉCHELLE;
- VENTE, BOULEVARD DES ITALIENS;
- BRUNET, LIBRAIRE, AU VAUDEVILLE.

L'AMANT TIMIDE,

COMÉDIE

EN UN ACTE ET EN VERS;

PAR A. H. CHATEAUNEUF.

Quel tourment de se taire en voyant ce qu'on aime!
(RACINE.)

NOUVELLE ÉDITION, CORRIGÉE,

La seule conforme à la Représentation.

A PARIS,

CHEZ L'AUTEUR, RUE DES BONS-ENFANTS, N°. 34.

DE L'IMPRIMERIE DE MICHAUD FRÈRES,

RUE DES BONS-ENFANTS, N°. 34.

M. DCCC. X.

PERSONNAGES.

La mère de LUCILE.

LUCILE.

DAMIS, amant timide.

MONDOR. (Ce rôle doit être joué par un *Comique*, avec une charge légère.)

LISETTE, suivante de Lucile. (Son débit doit être animé et très rapide.)

La scène est chez la mère de Lucile.

L'AMANT TIMIDE,

COMÉDIE.

SCÈNE PREMIÈRE.

LISETTE, *seule.*

DAMIS aime Lucile ; amant sans hardiesse,
Sera-t-il toujours froid auprès de ma maîtresse ?
Par un aveu trop tendre il craint de l'offenser,
Et ses yeux, jusqu'ici, n'ont su que se baisser.
Mais il sort de chez elle.

SCÈNE II.

LISETTE, DAMIS.

LISETTE.

Eh bien ! le tête-à-tête,
Comment s'est-il passé ?

DAMIS.

Tu vas gronder, Lisette,
Car je n'ai pas osé faire un aveu.

LISETTE.

Fort bien !
On sait vous ménager deux heures d'entretien ;
Je pense que ce temps aurait dû vous suffire
Pour conter tout au long votre amoureux martyre :
Mais point ; vous vous taisez ; les lois de la pudeur
Vous forçaient de voiler votre timide ardeur.
Ce procédé galant est neuf, je vous l'avoue ;
Ou plutôt ce respect mérite qu'on le loue.

DAMIS.

Daigne excuser, au moins.....

LISETTE.

Non, Damis, désormais
Je ne pardonne rien. Quoi ! toujours des délais !
Des merveilleux du jour observez les manières.
Voyez-les aborder les beautés les plus fières.
Charmés de leur parure, ils se disent tout bas :

Mon dieu ! que de mérite ! on n'a point tant d'appas.
Avec cet air fripon, ces grâces naturelles,
On peut vous défier, mesdames les cruelles.

DAMIS.

Eh bien ?

LISETTE.

Eh bien ? monsieur, malgré leur sot jargon,
Leurs vices, leurs travers, et malgré la raison,
Dans un monde léger dont un fat est l'idole,
Ces gens-là sont courus, le beau sexe en raffole.
Et vous, Damis, et vous, avec beaucoup d'esprit,
De la fortune, un nom, inquiet, interdit,
Sur un mot hasardé vous tremblez de déplaire,
Et vous ne savez rien que rougir ou vous taire.

DAMIS.

Je me déclarerai.

LISETTE.

Cette timidité
Séduit dans une femme, ajoute à sa beauté ;
Mais, près d'un sexe amant de la coquetterie,

On déplaît quelquefois par trop de modestie.
A Lucile, Damis, vous parlez chaque jour.

DAMIS.

Ces moments sont bien doux!

LISETTE.

Mais perdus pour l'amour.
Qu'attendez-vous enfin? Que Lucile elle-même,
En termes clairs et nets, vous déclare qu'elle aime?
Croyez-en sur ce point ses regards amoureux;
Mais vous n'entendez pas le langage des yeux.

DAMIS.

Lisette, sur mes torts ne sois pas inflexible.

LISETTE.

Sur vos défauts, Damis, moi vous laisser paisible!
Je veux vous tourmenter et vous forcer dans peu
Jusqu'au pénible effort de lui faire un aveu.
Mais ne craignez-vous pas que Lucile ne pense
Que votre cœur pour elle est dans l'indifférence?

Être belle, et se voir aimer si faiblement! .....

DAMIS.

Je l'adore, crois-moi. J'ai pu, timide amant,
Lui cacher de mes feux toute la violence.
Plus mon cœur est épris, moins il a d'espérance.
Puis-je aspirer, Lisette, à plaire à sa beauté?
Vois toutes les vertus dont je suis enchanté.
Elle a cet air décent qui rend son sexe aimable.
Digne ouvrage des soins d'une mère estimable,
Lucile, à peine encor dans sa jeune saison,
Des grâces de l'esprit sait orner la raison;
De candeur et d'attraits ce divin assemblage
De mon timide cœur a suspendu l'hommage.
Lisette, d'être aimé je n'ose me flatter.
Ce n'est qu'en l'égalant qu'on peut la mériter.

LISETTE.

Si vous vous en tenez à ce regard modeste,
Mondor, à votre amour va devenir funeste.
Tandis que vous perdez de précieux moments,
Mondor met à profit tous vos retardements.
Prévenons-le, Damis; écrivez une lettre.

DAMIS.

Une lettre à Lucile !

LISETTE.

Et j'ose vous promettre
Qu'on ne saurait lui faire un plaisir plus charmant.

DAMIS.

Ton aveu me perdrait. Non, te dis-je.

LISETTE.

Comment !

DAMIS.

C'est en vain.

LISETTE.

Mais encor, ne pouvez-vous m'instruire ?....

DAMIS.

Je l'adore, et je crains.....

LISETTE.

Quoi ! vous n'osez écrire

Un aveu qui plaît tant ? quand on aime du moins.....
Oh ! je vais.....

DAMIS.

Un seul jour, suspends encor tes soins.

LISETTE.

Point d'aveu, ni de lettre ! éviter sa présence !
Comment donc de vos feux lui faire confidence ?

DAMIS, *distrait et agité.*

Oui, dès demain, je veux lui dévoiler mon cœur
Et mériter sa main, ou mourir de douleur.

LISETTE.

L'oserez-vous, monsieur ?

DAMIS.

J'en donne ma parole.

LISETTE.

Il faut donc, devant moi, répéter votre rôle.

DAMIS.

Je suis donc bien timide ?

LISETTE.

Ah! le rôle d'amant
Est bien nouveau pour vous. Supposons un moment
Que je sois, moi, Lucile. Allons, daignez m'instruire
Des tendres sentiments que l'amour vous inspire.
Hé quoi! vous rougissez! vous détournez les yeux!
Daignez donc m'honorer d'un regard amoureux.
Exercez-vous, monsieur; ...... Mais je perds patience.
Faut-il tant vous presser?

DAMIS.

C'est une extravagance.
Dispense-moi, Lisette......

LISETTE.

Oh! je vous entreprends.
Il faut, monsieur Damis......

DAMIS.

Ciel! Lisette, j'entends
La mère de Lucile; elle approche. Je tremble.

(Il veut sortir. Lisette le retient par une des basques de son habit.)

LISETTE.

Restez.

DAMIS.

Mais, les soupçons, si l'on nous trouve ensemble?

LISETTE.

C'est fort suspect...... Restez. Tout le monde chez nous
Sait qu'on est sans danger tête à tête avec vous.

SCÈNE III.

La mère de LUCILE, DAMIS, LISETTE.

La mère de LUCILE, *à Damis.*

Vous vous intéressez au bien de ma famille ?

DAMIS.

Ah! madame.

La mère de LUCILE.

Mondor veut épouser ma fille:
Je viens vous consulter.

DAMIS, *à part.*

Dans quel étonnement !......

(*à Lisette.*)

Je n'ose déclarer......

LISETTE, *bas.*

Vous n'avez qu'un moment.

DAMIS.

Mondor a soixante ans, et Lucile est jolie;
C'est unir le printemps à l'hiver de la vie.
Mais j'approuve ce choix, si Lucile a fait voir
Qu'elle suit son penchant plutôt que son devoir.

La mère de LUCILE.

Une fille bien née et que l'honneur éclaire.....

LISETTE.

Attend, pour s'attendrir, les ordres de sa mère.
Quoi ! vous pouvez choisir entre tant de maris,
Et vous lui destinez un fat en cheveux gris !
Connaissez-vous Mondor et son impertinence?

Quel ennui de le voir, fier de son opulence,
D'affaires, de projets infatigable agent,
Étaler ses billets ou compter son argent!
Avez-vous observé son affreux caractère?
Il est brusque, impoli, sot, orgueilleux, colère.
Mais, quand il fait un don de trois cent mille écus,
Un mari, quel qu'il soit, n'est jamais sans vertus.

La mère de LUCILE.

Lucile vient : Damis, je vous laisse avec elle.
Qu'elle s'explique mieux.

LISETTE.

Oh! comptez sur son zèle.

DAMIS, *à part.*

Profitons du moment.

La mère de LUCILE, *à Lisette.*

Et vous, suivez mes pas.

LISETTE, *bas à Damis.*

Soyez ferme, monsieur, et ne vous troublez pas.

SCÈNE IV.

DAMIS, LUCILE.

DAMIS, *à part.*

Que d'attraits !

LUCILE, *à part.*

C'est Damis : ah ! que je suis émue !

DAMIS, *à part.*

C'est cacher trop long-temps mon secret à sa vue.

(*haut.*)

Ah ! Lucile !

LUCILE.

Damis, plaignez-vous mes ennuis ?
On veut me marier ; trop faible que je suis,
Je n'ose résister aux ordres d'une mère.

DAMIS.

Cet époux ?.......

LUCILE.

Est Mondor, et je m'en désespère.
L'hymen avec Mondor inspire de l'effroi.
A ma mère, Damis, daignez parler pour moi.

DAMIS.

Lucile..... ah ! si j'avais cet empire sur elle !

LUCILE.

Malgré son air sévère elle n'est point cruelle.
J'ai craint un libre aveu. Peignez-lui ma douleur.

DAMIS.

Il faut, en s'expliquant, prévenir ce malheur ;
(*à part.*)
Et j'y cours de ce pas. Dieu ! qu'elle m'intéresse !
(*Il revient.*)
Hasardons un aveu..... malheureuse faiblesse !
(*haut.*)
Ce cœur simple et naïf, Lucile, est-il fermé

Aux aveux d'un amant plus digne d'être aimé ?

LUCILE.

A mon âge on sait mal ce qu'on nomme tendresse,
Mais, tandis que Mondor, qui m'obsède sans cesse
De mon cœur révolté n'obtient que des mépris,
Un autre sans effort..... Ah! Damis, je rougis.

DAMIS.

Celui que vous aimez, jeune, aimable, fidèle.....

LUCILE.

De toutes les vertus est le parfait modèle.
Ses grâces, son esprit séduisent tour à tour;
Et c'est en l'estimant que j'ai connu l'amour.

DAMIS, *à part.*

A ce portrait flatteur d'un mérite suprême,
Je n'en saurais douter, ce n'est pas moi qu'elle aime.

LUCILE, *à part.*

Quelle était mon erreur! j'ai cru jusqu'à ce jour
Que sa timidité me cachait son amour;
Mais ce silence, enfin......

DAMIS.

Sans doute, il vous adore,

Cet amant trop heureux?

LUCILE.

S'il m'aime, je l'ignore.

DAMIS.

(*à part.*)

Serais-je cet amant? Puis-je croire jamais? ......

(*haut.*)

Ah! Lucile, il adore en secret vos attraits.

LUCILE.

Mon estime, Damis......

(*A l'instant que Lucile prononce ce demi-vers, Mondor, qui l'écoutait, se montre et déconcerte les deux amants par des éclats de rire.*)

SCÈNE V.

DAMIS, LUCILE, MONDOR.

MONDOR, *éclatant de rire.*

De l'estime? ha! ha!

De l'estime, mon cher; mais, rien après cela.
Nous aimons tous les deux. Dans cette concurrence,
Voyons si vous pouvez former quelque espérance.
Mon dangereux rival, au moins, pardonnez-moi
Si, dans cet examen, je suis de bonne foi.
Je ne me vante point; j'ai d'immenses richesses
Qui pourraient me gagner le cœur de vingt maîtresses;
(*à Lucile.*) (*à Damis.*)
Mais je n'aime que vous : avec un tel secours,
Près du sexe, aujourd'hui, l'on va vite en amours;
Cependant, voyez-vous, à Lucile que j'aime,
Je crois, sans vanité, plaire assez par moi-même.
Vous avez de grands biens; mais, sans fatuité,
Je crains bien moins encor cette rivalité.
Vous êtes jeune, soit; mais ce n'est qu'à mon âge
Qu'on peut, avec raison, songer au mariage.
Quant à l'esprit, tenez, je ne me flatte point,
Mais, vous allez, d'abord, me céder sur ce point.
Peut-on me contester les grâces du langage?
Saisit-on mieux que moi le ton du persiflage?
Je sais, quand je le veux, placer adroitement
Une saillie heureuse, un à-propos charmant.

De toutes mes vertus j'ai la tête remplie ;
Mais je n'en parle point, par pure modestie.
(*à Lucile.*)
Ne puis-je, en ce moment, seul vous entretenir ?
(*bas.*)
Il nous gêne.

DAMIS.

J'entends, il me faudrait sortir.
Ce serait un peu loin pousser la complaisance.
Que madame prononce, et j'y souscris d'avance.

MONDOR, *le contrefaisant très bas.*

Prononcez donc.

LUCILE, *à Damis.*

Restez, pour me sauver l'ennui
Qu'on éprouve, à coup sûr, quand on est avec lui.

MONDOR.

De ces feux clandestins j'instruirai votre mère.
Monsieur est mon rival, il aspire à vous plaire !
Il triomphe un moment. Mais, je serai vengé,
Et bientôt, par mes soins, il aura son congé.

DAMIS.

Mon congé, dites-vous?

MONDOR.

Oui.

DAMIS.

Le fat!

MONDOR.

Quelle audace!

M'oser traiter de fat et m'insulter en face!

DAMIS, *s'avançant.*

Sans les égards qu'ici.....

MONDOR.

(*effrayé, portant la main à son épée.*)

Vite..... Séparez-nous.

LUCILE, *à Damis.*

De grâce, modérez ce trop juste courroux.

DAMIS.

Je veux bien, un moment, suspendre ma vengeance,
Si monsieur s'est flatté d'une fausse espérance.
Je sors pour vous servir.

SCENE VI.

LUCILE, MONDOR.

MONDOR.

L'aurait-on jamais dit,
Qu'il dût porter si loin l'audace et le dépit ?
Sans l'effroi qu'il m'a fait, vous auriez vu merveilles ;
Et j'allais, devant vous, lui couper les oreilles.
Mais, calmons-nous... Faut-il montrer dans tout son jour,
Par cent traits éclatants, l'excès de mon amour ?
Lucile, savez-vous que je vous sacrifie
Une jeune merveille, une fille accomplie ?....

LUCILE.

Eh bien ! épousez-la.

MONDOR, *à part.*

Qu'elle me rend confus !
C'est la première fois que j'éprouve un refus.
(*haut.*)
Un homme tel que moi vaut bien qu'on le préfère.
Et puis, qu'opposez-vous au vœu de votre mère ?

LUCILE.

De me sacrifier si l'on a la rigueur,
Vous obtiendrez ma main sans obtenir mon cœur.

MONDOR.

Cette fierté me plaît et n'éteint point ma flamme.
Votre mère a promis, et vous serez ma femme.
Si mon mérite, encor, n'a point frappé vos yeux,
Quand nous serons époux, vous le connaîtrez mieux.

SCÈNE VII.

LUCILE, MONDOR, la mère de LUCILE.

LUCILE, *accourant.*

Si je fus jusqu'ici soumise, obéissante,
Madame, rassurez votre fille tremblante ;
La crainte d'être à lui me met au désespoir.
(*Ingénument et regardant Mondor.*)
Vous épouser, monsieur ?... quel pénible devoir !
(*Sa mère lui fait signe de s'éloigner.*)

SCÈNE VIII.

La mère de LUCILE, MONDOR.

La mère de LUCILE.

C'est par les seuls égards, les soins, la complaisance
Qu'on peut d'un jeune cœur vaincre la résistance;
Et ma fille.....

MONDOR.

Est un diable, à ne vous point mentir.
Soins, complaisance, égards, rien ne peut la fléchir.

La mère de LUCILE.

Et ce jeune Damis qu'honore mon estime,
Vous voulez l'éloigner ?

MONDOR.

Voilà ce qui m'anime.
Ce Damis que je hais, et par vous estimé,
Est mon rival, peut-être, et mon rival aimé.

La mère de LUCILE.

Chimère.

MONDOR.

Quand j'ai vu....

La mère de LUCILE.

Vous vous trompez, vous dis-je.
Damis, amoureux? lui?

MONDOR.

Mais, serait-ce un prodige?

La mère de LUCILE.

Il est si froid! si froid!

MONDOR, *à part.*

Auprès de vous, morbleu.
(*Haut.*)
Il feint de n'aimer pas pour mieux cacher son jeu.

La mère de LUCILE.

Lucile pour Damis aurait le cœur sensible!
Et je n'en saurais rien! la chose est impossible.

MONDOR.

Mais, si je vous dis vrai, que ferez-vous?

La mère de LUCILE.

Vraiment,
Ma Lucile est jolie et Damis est charmant:

Sans crime, ils auraient pu se trouver fort aimables.

MONDOR.

Mais s'aimer en secret!

La mère de LUCILE.

Oh! tous deux sont coupables.

MONDOR.

J'enrage de bon cœur quand je vois des parents,
Pour se déterminer, consulter leurs enfants.

La mère de LUCILE.

Si ma fille à vos vœux se montre si contraire,
C'est qu'on ne plut jamais avec ce ton sévère.
Par beaucoup de douceur il la faut obtenir :
Déterminez son choix, et je vais vous unir.

SCÈNE IX.

MONDOR.

Non, je ne conçois pas, plus je lis dans mon ame,
Que l'or ne puisse rien sur le cœur d'une femme.
Mais j'aperçois Lisette; il faut l'entretenir.
La friponne est adroite, et pourrait me servir.

SCÈNE X.

MONDOR, LISETTE.

MONDOR.

Puis-je me présenter à ta jeune maîtresse ?

LISETTE.

Qu'osez-vous proposer ? Elle pleure, elle presse ;
De sa mère, qui l'aime, elle implore un bienfait.

MONDOR.

C'est ?

LISETTE.

De ne plus revoir le mortel qu'elle hait.
Et ce mortel.... c'est vous.

MONDOR.

Ciel!

LISETTE.

Cela me désole.
Oser vous refuser! moi, je tiens qu'elle est folle.

MONDOR.

Je t'intéresse donc ?

LISETTE.

Si vous m'intéressez?
Je vous aime, monsieur, plus que vous ne pensez.
Ah! si vous aviez vu l'affection, le zèle,
Que j'ai, tantôt, pour vous fait briller auprès d'elle,
Que vous m'en sauriez gré!

MONDOR.

Tu me charmes, vraiment.
Je veux récompenser ce tendre sentiment.

(*Il lui donne une bourse.*)

LISETTE, *feignant de pleurer.*

Ah!

MONDOR.

Quoi! des pleurs?

LISETTE, *feignant encore de pleurer.*

Pour vous ma tendresse est si forte!
Mais, si vous m'en croyez, vous gagnerez la porte.
Je vous estime tant! Pourrai-je, sans mourir,
Vous voir signifier de ne plus revenir?
Pour vous mettre à couvert de ce malheur extrême,
Il faudrait.....

MONDOR.

Quoi?

LISETTE.

Sans bruit, vous exiler vous-même.

MONDOR.

Plus d'espoir?

LISETTE.

Ah! monsieur, tout est désespéré.

MONDOR.

Tout le monde s'est donc contre moi déclaré?

LISETTE.

Oh! tous...... excepté moi.

MONDOR.

Tu voudras bien, ma chère,
Remettre un mot d'écrit à Lucile, j'espère.

LISETTE.

On m'en punirait.

MONDOR.

Non.

LISETTE.

Mon dieu! si.

MONDOR, *lui donnant encore une bourse.*

Mon enfant,

Pardon, si j'oubliais......

LISETTE.

Que vous êtes pressant!

De la séduction on ne peut se défendre.

MONDOR, *la saluant.*

Je te suis obligé d'avoir l'ame si tendre.

Je vais écrire, attends.

LISETTE.

Quoi! monsieur, le billet?.....

MONDOR.

N'est pas fait.

LISETTE, *lui montrant une table.*

Tout est là. Hâtez-vous, s'il vous plaît;

MONDOR. (*Il s'assied près de la table, met ses lunettes, et regarde autour de lui.*)

Mais il est déjà nuit, et ma vue affaiblie. ....

Lisette, écris-tu bien?

LISETTE.

Comment! j'orthographie,

Et je peins à ravir ; soit dit, sans me flatter.

MONDOR.

Viens donc te mettre ici. Je m'en vais te dicter.

(*Il lui cède sa place..*)

LISETTE, *une plume à la main.*

Allons, monsieur, voyons cette prose éloquente.

MONDOR.

Pour rendre, mon enfant, ma lettre plus touchante,
J'imagine d'abord un excellent moyen.

LISETTE.

Quel est-il?

MONDOR.

Le voici : J'offrirai tout mon bien.

LISETTE.

Lucile, par malheur, n'est pas intéressée.

MONDOR.

Ce n'est pas ton défaut, par exemple, rusée.
Écris.

(*Il dicte.*)

« Mon seul désir est de vous rendre heureuse :
» Vous mériter est mon souverain bien.

» Dites un mot, et mon ame amoureuse
» Met à vos pieds ma personne et mon bien.

(Il s'approche de la table pour signer.)

LISETTE.

Qu'est-ce?

MONDOR.

Je vais mettre ma signature.

LISETTE, *l'écartant.*

Laissez. Personne, ici, n'a vu mon écriture.
(à part.)
Je vais..... Signons *Damis.*

MONDOR.

Fais, comme il te plaira.

(Lisette met au bas de la lettre le nom de Damis.)

LISETTE.

Cette lettre, à coup sûr, monsieur, réussira.
Le nom seul fera tout.

SCÈNE XI.

LISETTE, *riant à gorge déployée.*

Par cette ruse habile,
De l'amour de Damis je convaincrai Lucile;

Puisqu'elle n'en croit rien, malgré ce que j'ai dit,
J'en vais montrer l'aveu signé dans cet écrit.
Je suis un peu méchante et j'aime fort à rire.
Que Mondor paîra cher de m'avoir fait écrire!

(*retournant la lettre.*)

Au lieu d'écrire un mot de réparation,
C'est encore de ses feux la déclaration,
J'en ai bien profité; j'ai signé cette lettre
Du nom de son rival. Vite, allons la remettre.

SCÈNE XII.

LUCILE, LISETTE.

LISETTE.

De l'amour de Damis je puis être garant;
Son air timide et froid vous cache un cœur brûlant.

LUCILE.

Tu me le dis toujours. Ah! s'il est vrai qu'il m'aime,
Lisette, il aurait dû me l'apprendre lui-même.

LISETTE.

Oh! Damis, près du sexe, est plus respectueux;

Et s'il n'a point encor fait éclater ses feux,
C'est qu'il craint de blesser votre délicatesse.
Il faut que ce garçon soit d'une étrange espèce,
Quand de nos jeunes gens l'air frivole, éventé
N'a pas pu le guérir de sa timidité.

LUCILE.

A le faire expliquer dois-je encore prétendre ?
J'ai tâché vainement de lui faire comprendre......

LISETTE.

Il fallait s'énoncer plus positivement.
Quand j'aime, je le dis tout naturellement.
Je suis femme, et pourtant j'aime fort la franchise.
C'est d'un aimable objet que vous êtes éprise :
Pourquoi donc ces détours ? Oh ! j'en vois si souvent,
Qui jurent d'aimer bien, quand le cœur les dément.
Mais, c'est trop vous cacher une heureuse nouvelle.
J'ai là certain billet...... Lisez, mademoiselle ;
Il est de votre amant.

(*Lisette présente la lettre et la retire pour s'amuser de l'impatience que Lucile fait paraître.*)

LUCILE.

Que dis-tu ? Quel bonheur !

Quoi ! Damis..... Donne donc, Lisette; ta lenteur
M'impatiente..... Eh bien ?

LISETTE.

Mon dieu! qu'il faut d'adresse
Pour faire à ce garçon déclarer sa tendresse !
Si vous saviez...... Tantôt, je vous dirai cela.

LUCILE.

Donne donc cet écrit, Lisette.

LISETTE.

Le voilà.

(*Elle aperçoit Mondor.*)

Ciel ! Mondor ! permettez qu'à l'instant je vous quitte.

(*à part.*)

J'ai quelque affaire ailleurs..... Circonstance maudite !
Mondor ici ! s'il parle, on va tout découvrir.
Pourrai-je l'empêcher? ...... Tâchons d'y réussir.

SCÈNE XIII.

LUCILE *sur le devant*, MONDOR,
LISETTE *dans le fond.*

MONDOR.

Lisette ! eh bien, comment a-t-on reçu ma lettre ?

LISETTE.

Avec transport.

MONDOR.

Vraiment ?

LISETTE.

Je viens de la remettre.
Mais pendant qu'elle lit il faudrait l'éviter.
Si vous dites un mot, vous allez tout gâter.
Venez.

MONDOR.

Je veux rester.

LISETTE, *à part.*

Puisque rien ne l'arrête,
Esquivons, en fuyant, les coups de la tempête.

SCÈNE XIV.

LUCILE *sur le devant*, MONDOR *dans le fond.*

MONDOR, *à part.*

Tenons-nous à l'écart. Observons tout de loin ;
Et nous nous montrerons après, s'il est besoin.

LUCILE, *les yeux attachés sur la lettre de Mondor, qu'elle croit de Damis.*

Que le style en est doux ! cette lettre m'enchante.
Que n'est-il le témoin des transports d'une amante !

(*Elle presse la lettre contre son cœur.*)

MONDOR, *à part.*

Oh ! c'est moi. Voilà bien ma lettre qu'elle lit.
Que n'est-il le témoin ! cet aveu me ravit.

LUCILE, *lit.*

« *Mon seul désir est de vous rendre heureuse.*
Ah ! sans toi, cher amant, Lucile ne peut l'être !

MONDOR, *à part, répétant d'une manière ridicule.*

Sans moi ! cher amant ! Ciel ! elle baise ma lettre.

LUCILE, *lit.*

» *Dites un mot, et mon ame amoureuse*
» *Met à vos pieds ma personne et mon bien.*
Des biens, que son amour veut m'offrir aujourd'hui ;
Le cruel ne sait pas que je n'aime que lui !

MONDOR, *à part.*

Lorsqu'elle est sans témoin, comme elle a le cœur tendre !
Elle m'aime en secret ; elle a beau s'en défendre.

LUCILE, *se retournant.*

Allons voir mon amant.

MONDOR.

Il tombe à vos genoux.

LUCILE, *à part.*

(*haut.*)

On m'a surprise, oh ciel! Monsieur, retirez-vous.
Vous m'écoutiez ?

MONDOR.

Eh! oui : la feinte est inutile.
Je sais tout de vous-même, adorable Lucile.

(*dans une extase ridicule.*)

Ce billet que Lisette..... Oh! j'ai bien écouté.
Ah! loin de me punir de ma témérité,
Confirmez que l'écrit, que vous venez de lire,
Vous charme, vous....

LUCILE.

Jamais, je n'oserai vous dire.....

MONDOR.

Je cours chez votre mère et reviens promptement
M'offrir à vous, heureux de son consentement.

LUCILE, *seule.*

C'est Damis. Que je vais lui causer de surprise!
A ne lui rien cacher son billet m'autorise.

SCÈNE XV.

LUCILE, DAMIS.

LUCILE.

Ah ! Damis, accourez. En ce moment si doux,
Mon cœur impatient vole au devant de vous.
Lisette m'a remis.... votre aveu.... m'intéresse.

DAMIS.

(*à part.*)

Vous lisez dans mon cœur.... Malgré tant de sagesse,

(*haut.*)

M'avouer la première !.... Ai-je dû présumer
Que cet amant ?.....

LUCILE.

Tantôt, je n'osais le nommer ;
Mais ce billet.....

DAMIS.

Moment plein de trouble et d'ivresse !
Ah ! Lucile, à vos pieds, j'expire de tendresse.

Vous m'aimez ! pardonnez à mon cœur enflammé
Ce transport violent et si mal exprimé.
Vous parliez d'un billet.

LUCILE.

Pour comble d'allégresse,
Mondor à nous unir lui-même s'intéresse.

DAMIS.

Lui ! Je ne reviens pas de mon étonnement !
Mondor renonce à vous ! Quel heureux changement !.....

LUCILE.

Pendant que seule, ici, je lisais votre lettre.....

DAMIS.

Ma lettre !

LUCILE.

Oui, qu'à l'instant on vient de me remettre.
Quel est l'étonnement qui vient de vous saisir ?

DAMIS.

Je n'entends pas très bien. Daignez mieux m'éclaircir.

LUCILE.

Lisez. Connaissez-vous ces traits, ce caractère ?

DAMIS, *lisant la lettre.*

Mon nom dans ce billet ! Quel est donc ce mystère ?
De qui le tenez-vous ?

LUCILE, *souriant.*

De Lisette, je crois.

DAMIS.

Cet aveu que j'ai craint, elle l'a fait pour moi.
Artifice charmant ! aimable espièglerie !
Lisette, je te dois.....

LUCILE.

Elle en sera punie.
Oh ! ciel ! c'est sur la foi de cet écrit trompeur,
Que je viens d'avouer.....

DAMIS.

Ma gloire et mon bonheur.
Ah ! n'en rougissez pas, Que l'amour seul décide.
Vous venez d'enhardir un amant trop timide,
Et qui, sans votre aveu, n'eût, peut-être jamais,
Osé vous déclarer ses sentiments secrets.

SCÈNE XVI.

MONDOR, la mère de LUCILE *dans le fond*,
DAMIS, LUCILE, *sur le devant.*

La mère de LUCILE, *à Mondor.*

Quoi! monsieur, votre lettre ?.....

MONDOR.

A produit des merveilles.
A peine j'en croyais mes yeux et mes oreilles.

DAMIS, *à Lucile.*

Vous m'enchantez.

(*Il lui baise la main. Mondor, en se retournant, l'aperçoit et court à lui.*)

MONDOR.

Ah! ah! monsieur, retirez-vous,
C'est moi, sans vous fâcher, qui serai son époux.

DAMIS.

Vous?

MONDOR.

(*à Lucile.*)

Moi-même. Parlez. Quel dessein est le vôtre ?
Voulez-vous m'épouser pour en aimer un autre ?

LUCILE.

Vous épouser ! l'erreur est plaisante, vraiment.

MONDOR.

J'ai lieu d'être surpris d'un si prompt changement.

LUCILE.

Je vous ai donc promis ?.....

MONDOR.

Et, puisqu'il faut tout dire ;
Dans le premier transport du plus charmant délire,
N'avez-vous pas relu, lu cent fois, moi présent,
Un billet.....

LUCILE.

De Damis ?

MONDOR.

Expliquez-moi comment ?....

LUCILE.

Je l'ai cru de Damis.

MONDOR, *prenant la lettre.*

Lisons la signature:
Je veux par ce témoin démasquer l'imposture,
Ciel! le nom de Damis à la place du mien;

DAMIS.

C'est un jeu de Lisette; il m'a servi très bien.

MONDOR.

Cruelle trahison! Faussaire détestable,
As-tu pu me jouer ce tour abominable!
Lisette! je ne puis.... Je suis assassiné.
Lisette! Le serpent! Ah! je suis indigné.
Je veux, dans le transport dont mon ame est saisie,
Me venger, la punir de cette perfidie;
Lisette!

TOUS LES ACTEURS.

Lisette!

SCÈNE XVII.

Tous les Acteurs de la Scène précédente, LISETTE *accourant.*

LISETTE.

Eh ! qu'est-ce donc ? Me voilà.

MONDOR.

Ah! friponne, je veux......

LISETTE, *frappant du pied, et faisant reculer Mondor.*

Tout de bon ! Alte-là !
Contez-moi vos raisons, sans vous mettre en colère.
Je vous répondrai bien.

MONDOR, *à part.*

L'impudente faussaire !
(*Haut.*)
Regarde ce billet. Parle. Je suis trahi.
Recevoir mon argent, et me jouer ainsi !

LISETTE, *jouant l'air surpris.*

Ciel ! le nom de Damis ! Quelle étrange méprise !
Monsieur, sans vous fâcher, il faut que je vous dise
Que je suis fort sujette..... à la distraction ;
Et fort innocemment, par inattention,
J'ai mis un nom pour l'autre.

MONDOR.

Ah ! perfide, j'enrage.
Tu me railles, encor, pour aggraver l'outrage,
Moi qui, pour me servir, t'ai comblé de présents !

LISETTE.

Aussi, de mon erreur, comme je me repens !

MONDOR.

Madame, maintenant, c'est en vous que j'espère.
Faites valoir, ici, l'autorité de mère.
Je me jette à vos pieds. Vous-même, jugez-nous,
Et daignez nous unir.....

LISETTE.

Pour nous tourmenter tous.

La mère de LUCILE.

Vous avais-je promis d'employer la contrainte ?

Épargnez-vous, monsieur, une inutile plainte.
Je ne ressemble point à ces cruels parents,
Monstres d'indifférence, inflexibles tyrans,
Dont le vil intérêt, fléau de leurs familles,
Immole au plus offrant les malheureuses filles.

MONDOR, *à Lisette.*

Je t'ai chargée ainsi de ce billet fatal
Pour y signer l'aveu de l'amour d'un rival !
Mais, puisque contre moi tout le monde conspire,
(*montrant un porte-feuille.*)
Ce million comptant humblement se retire.

La mère de LUCILE.

Aimez-vous, mes enfants : je vous unis tous deux.
Le bien seul ne peut rendre un mariage heureux :
Il faut que la vertu, l'amour, la sympathie
Serre un nœud d'où dépend le bonheur de la vie.

FIN.

www.ingramcontent.com/pod-product-compliance
Lightning Source LLC
LaVergne TN
LVHW010108230826
846091LV00005B/2141
* 9 7 8 2 0 1 2 7 2 5 4 9 2 *